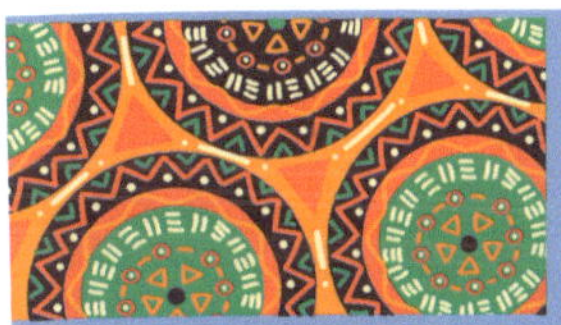

Les contes de Baba

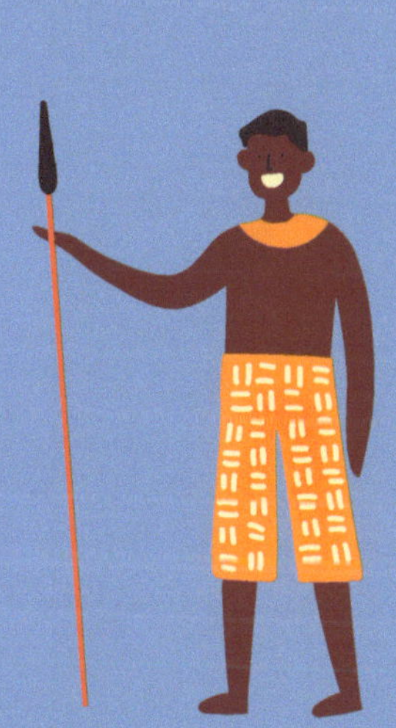
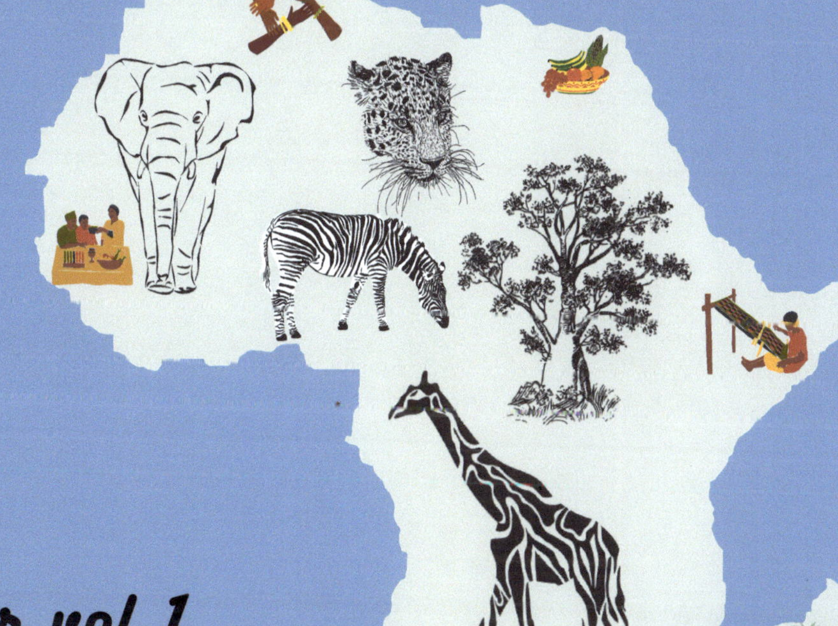

Samba le chasseur vol 1

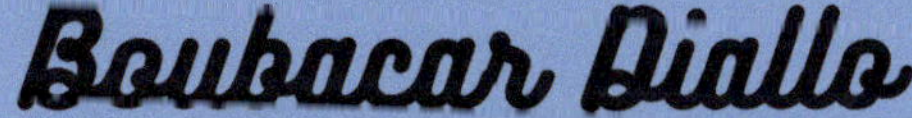

Boubacar Diallo

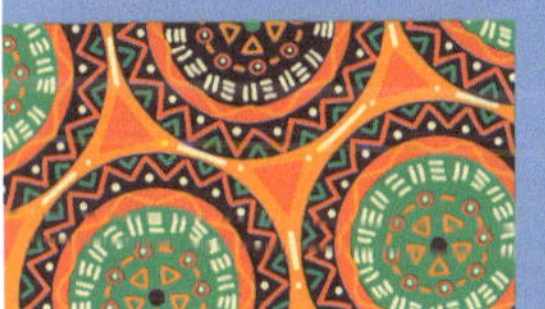
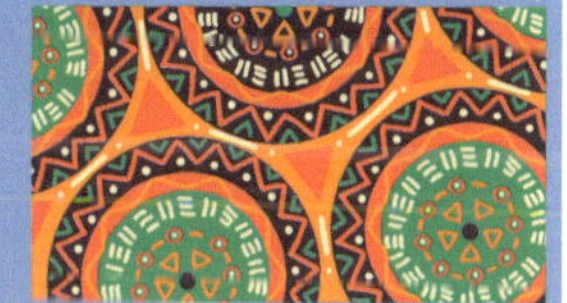

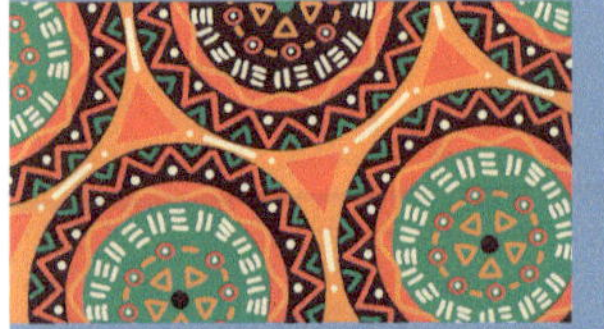
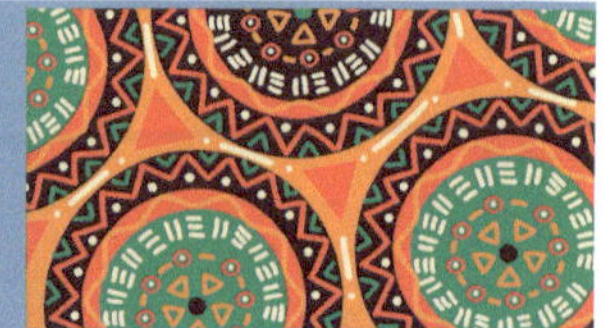
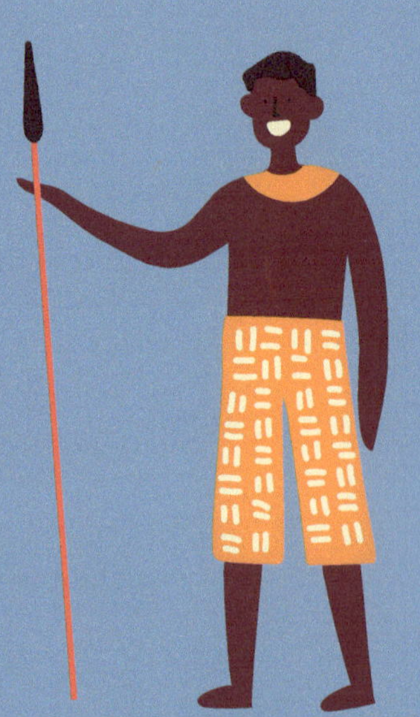

Il était une fois, dans un village de la
Guinée appelé Timbo,
vivait **Samba**

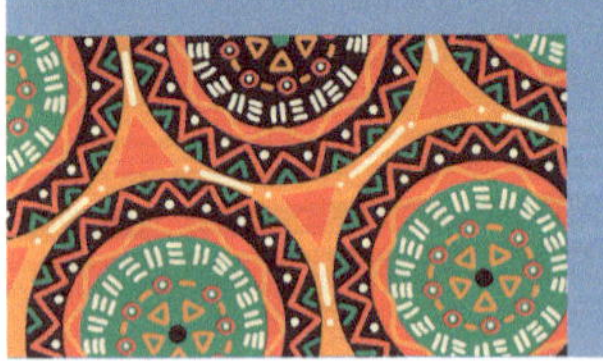
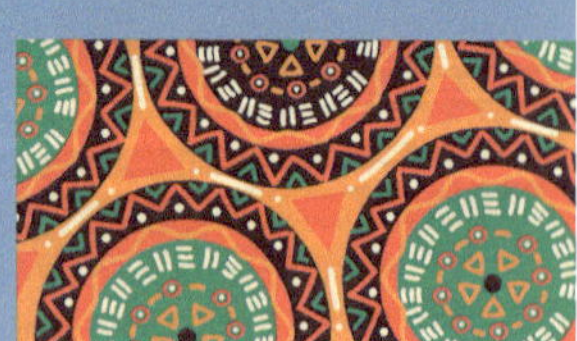

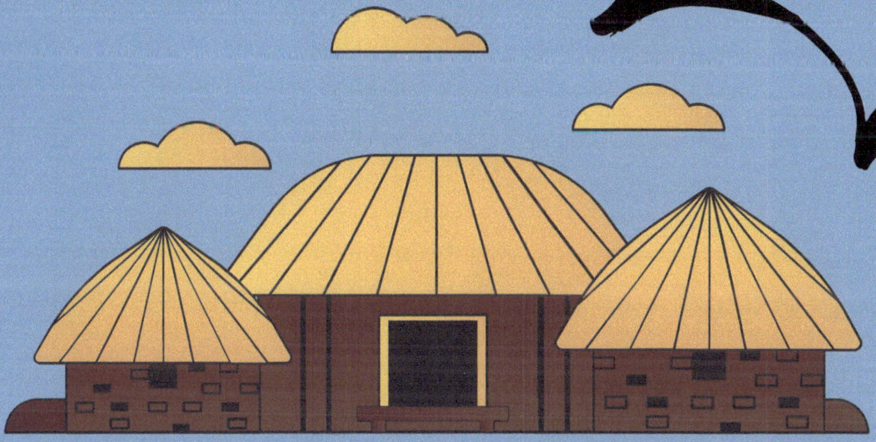

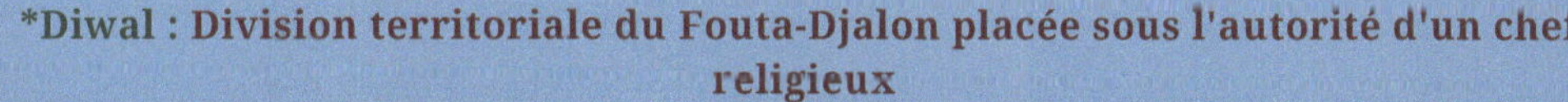

*Diwal : Division territoriale du Fouta-Djalon placée sous l'autorité d'un chef religieux

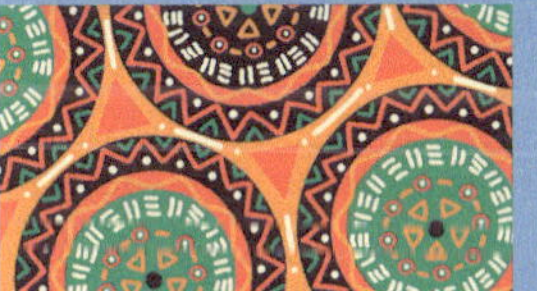

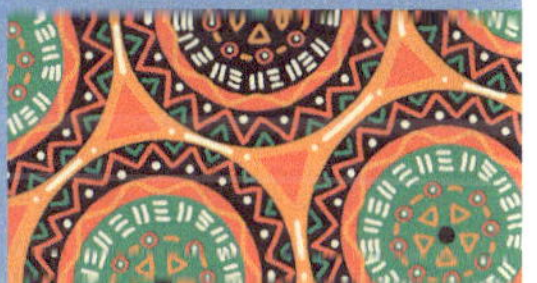

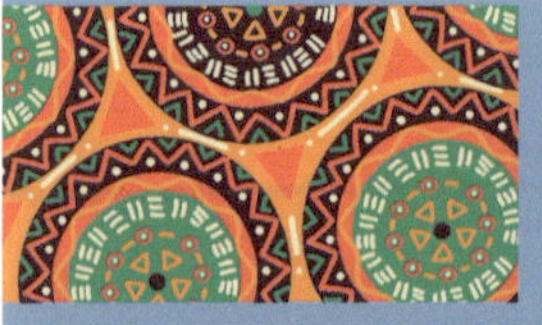
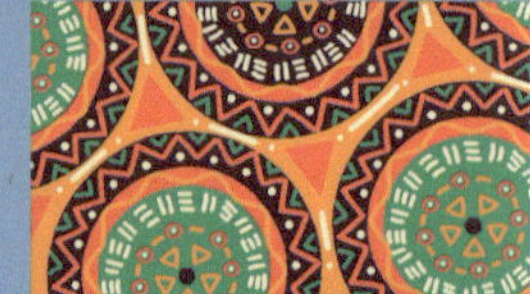

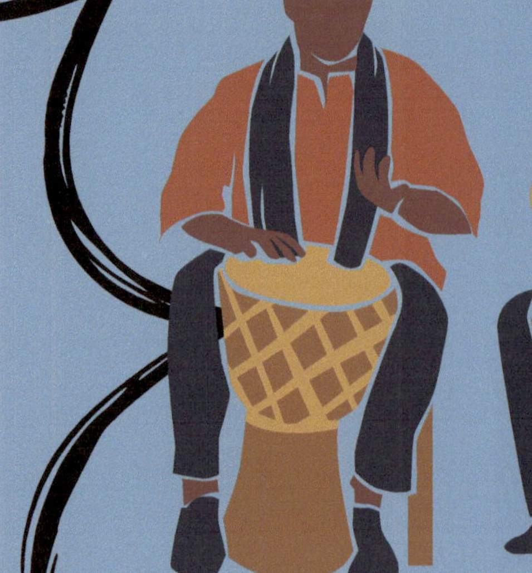
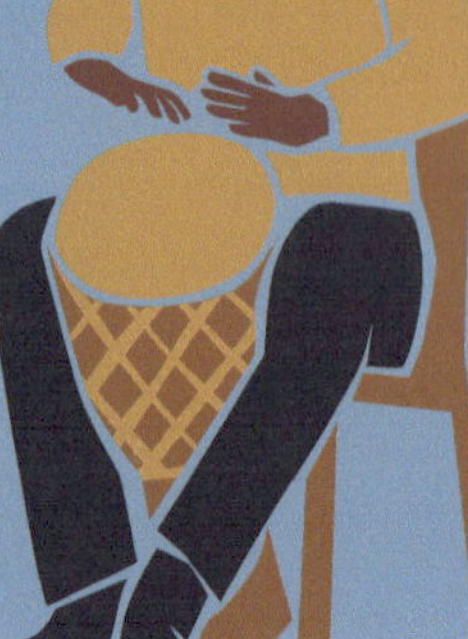

*Griot : Le griot est considéré comme le dépositaire de la tradition orale.
Il joue un rôle essentiel dans la transmission des connaissances, des coutumes et de la culture à travers les générations.

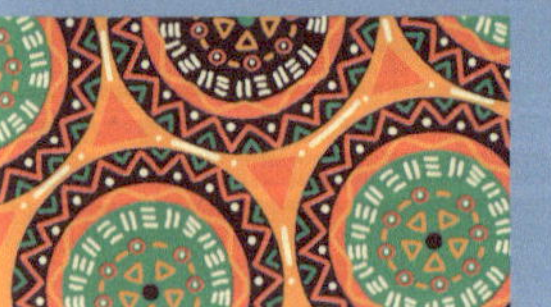
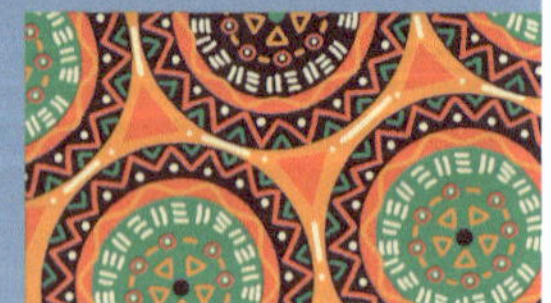

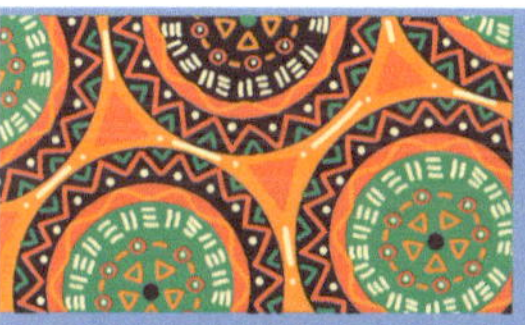
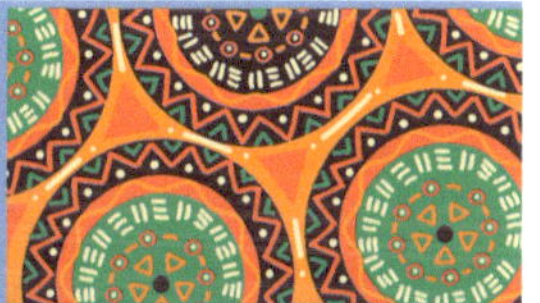

Mais un jour, le chef du village, **Landho** decida d'organiser une grande chasse à l'occasion de la célébration de son mariage avec **Binta**, la plus belle femme de Timbo

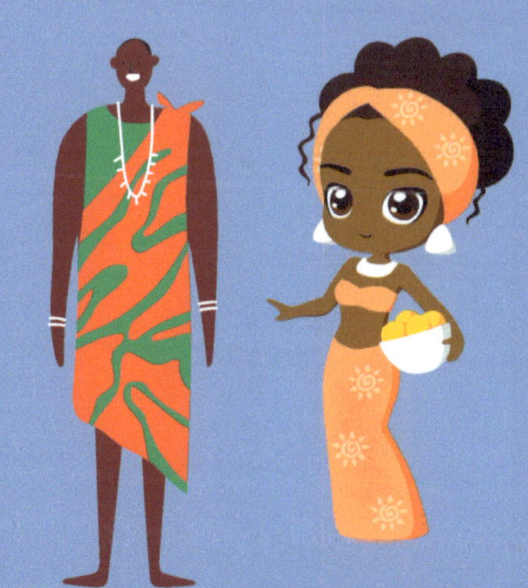

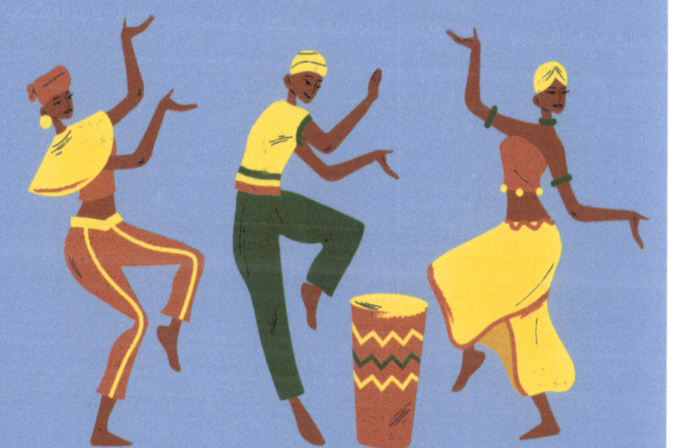

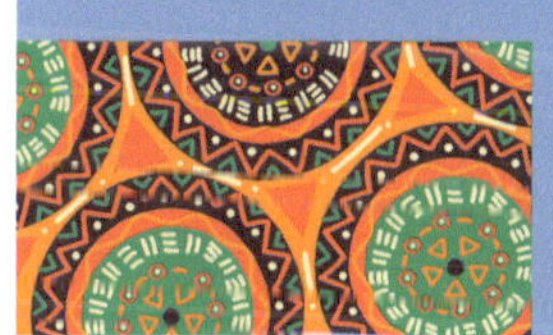
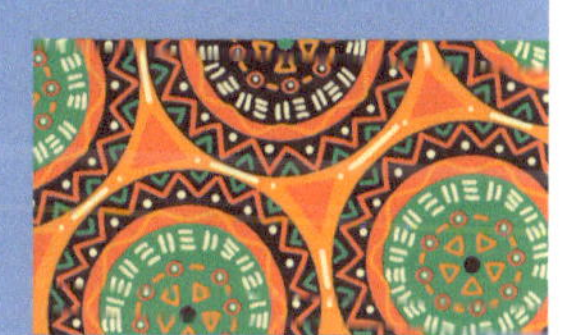

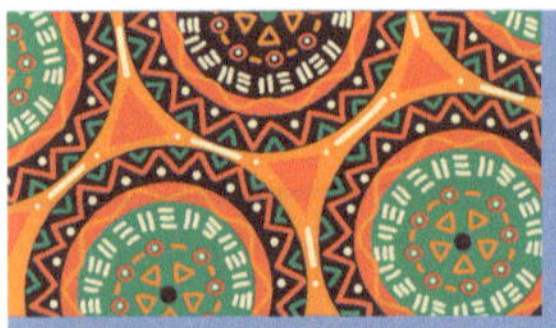
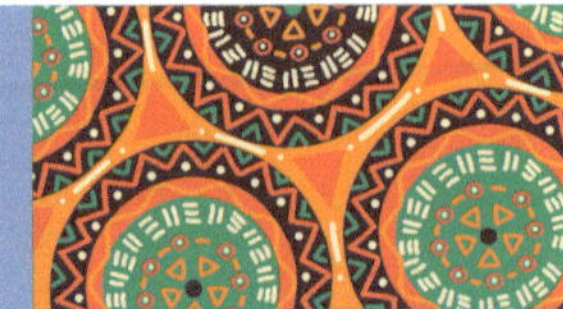

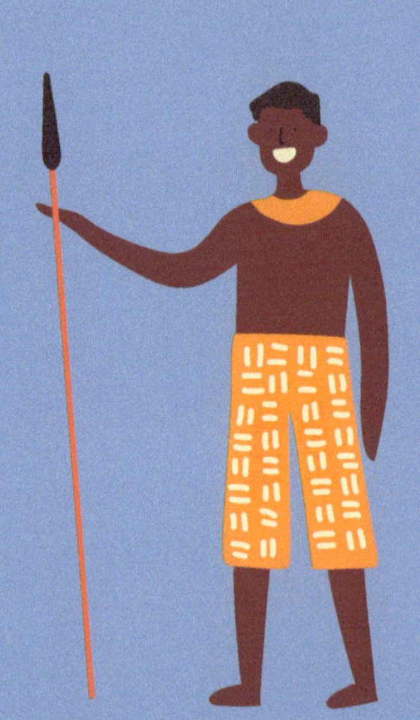

Samba avait hâte que la cérémonie commence, car il souhaitait remporter la compétition et ainsi conserver son titre de meilleur chasseur

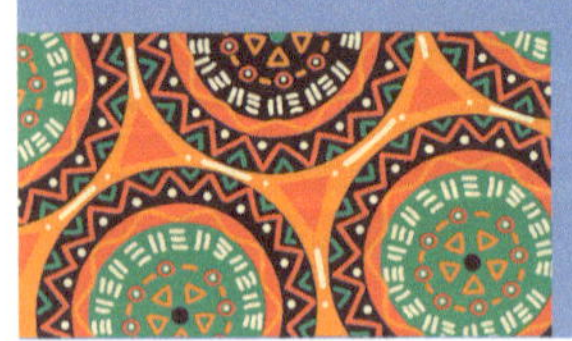
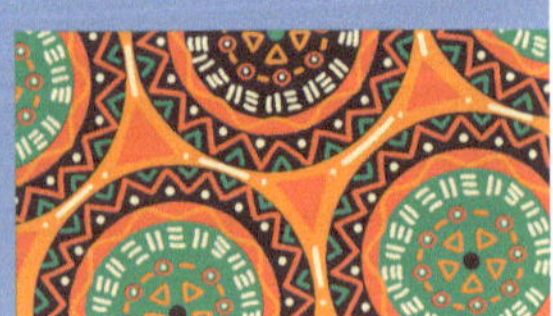

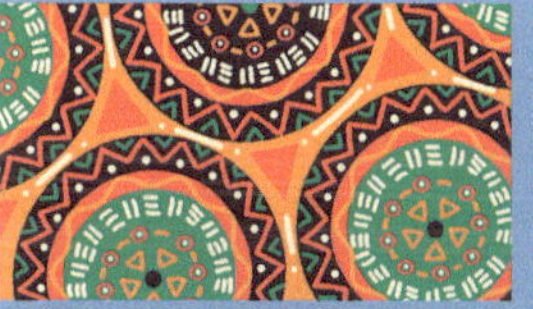
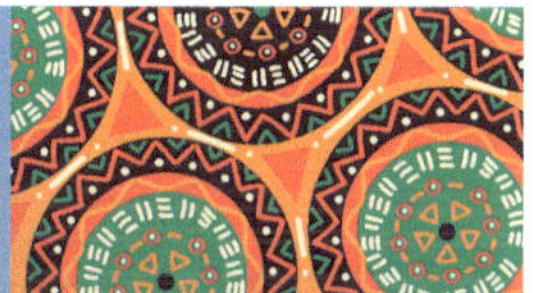

Samba, comme à son habitude avant chaque compétition, décida d'aller rendre visite à sa mère

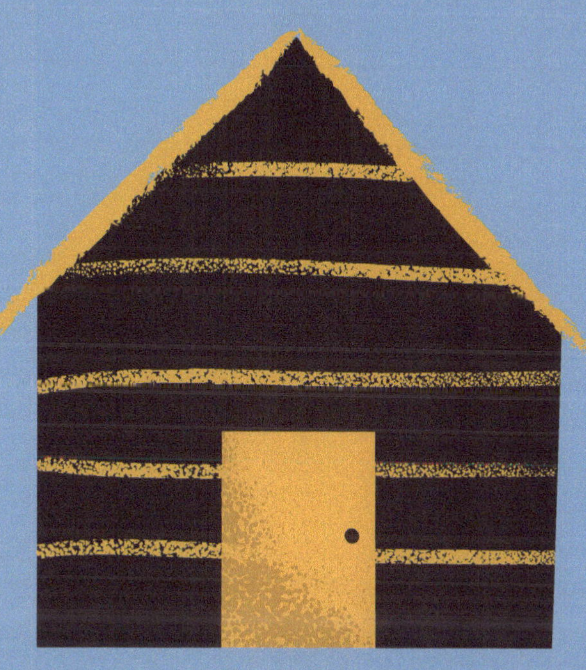
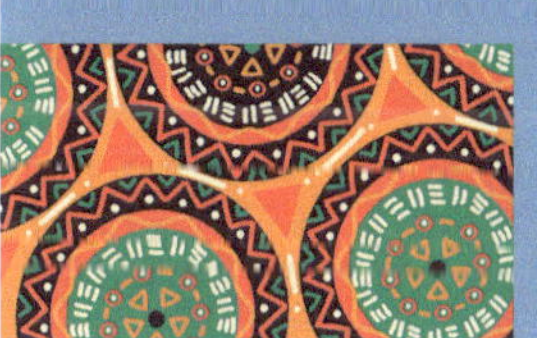
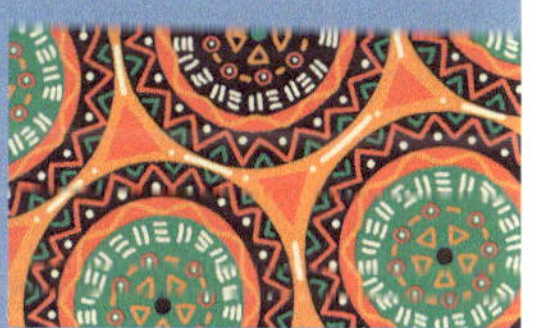

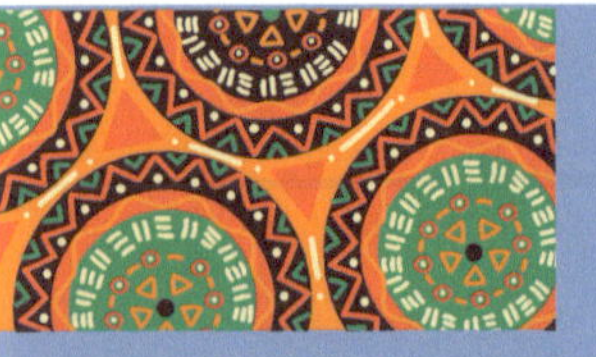
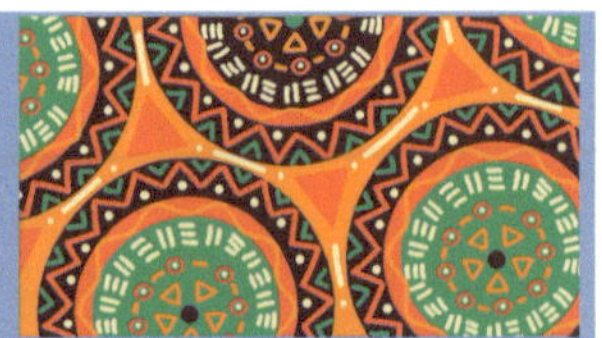
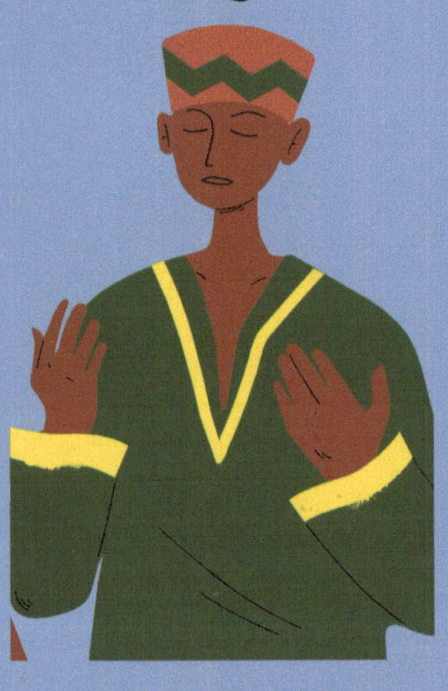

Bonjour **Néné**, comment allez vous?

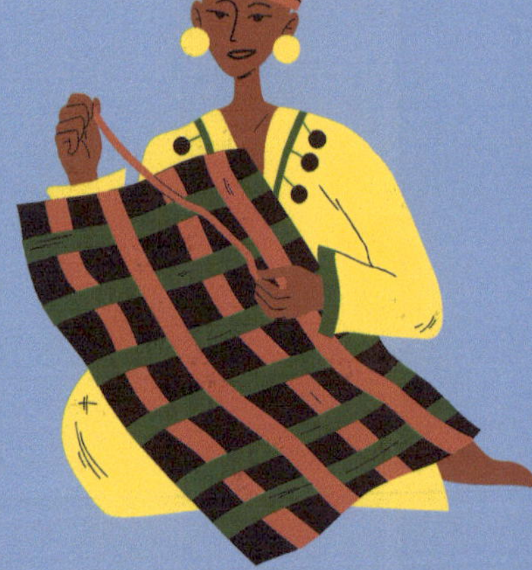

Bonjour **Samba**, je vais bien. Que me vaut cette visite, mon fils?

*Néné: Maman

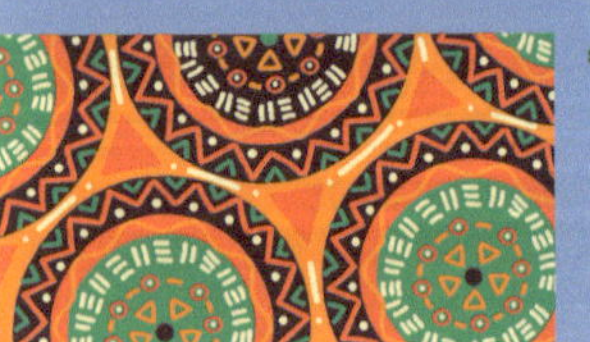
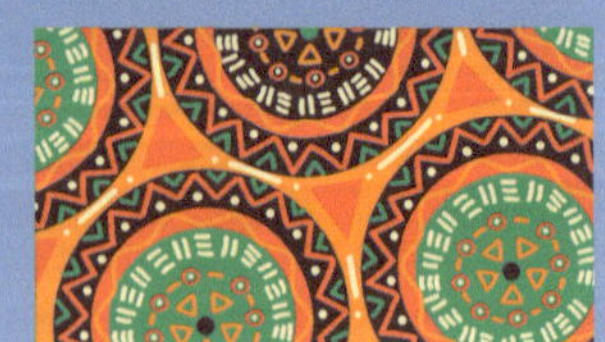

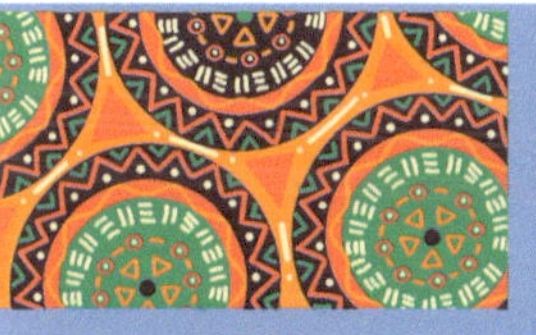
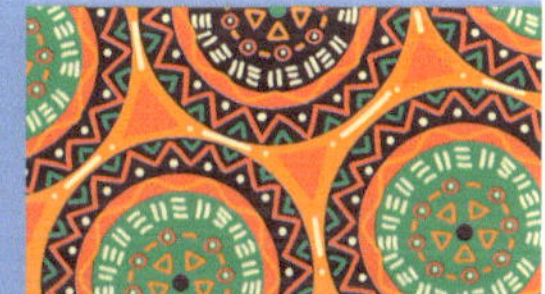
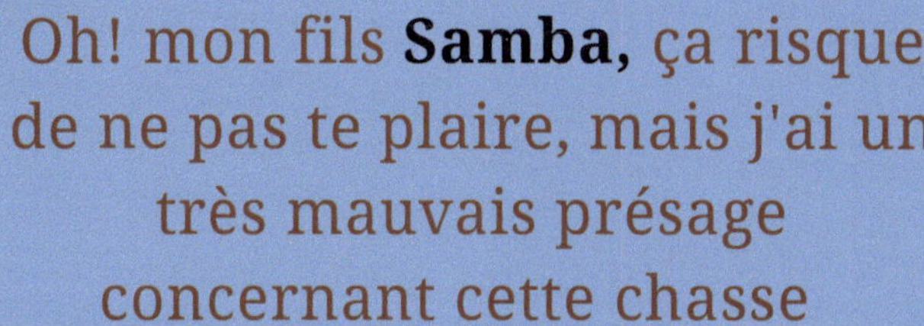

Le chef du village organise une chasse demain à l'occasion de son mariage, et je suis venu demander ta bénédiction
Oh! mon fils **Samba,** ça risque de ne pas te plaire, mais j'ai un très mauvais présage concernant cette chasse
Je t'en conjure n'y participe pas

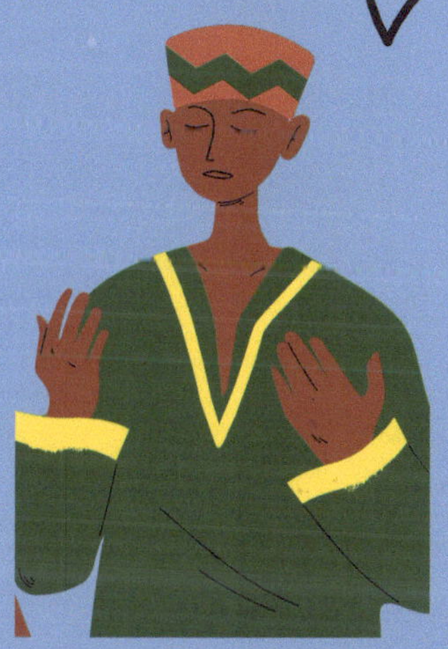
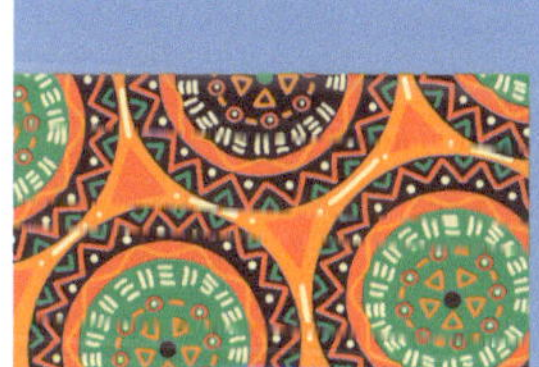
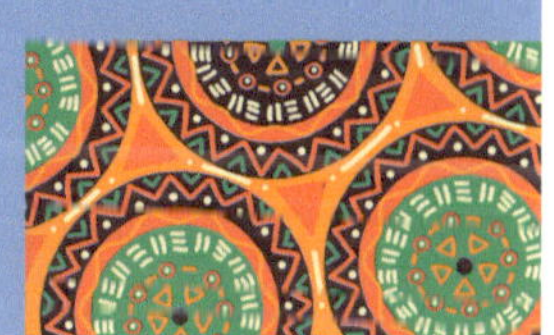

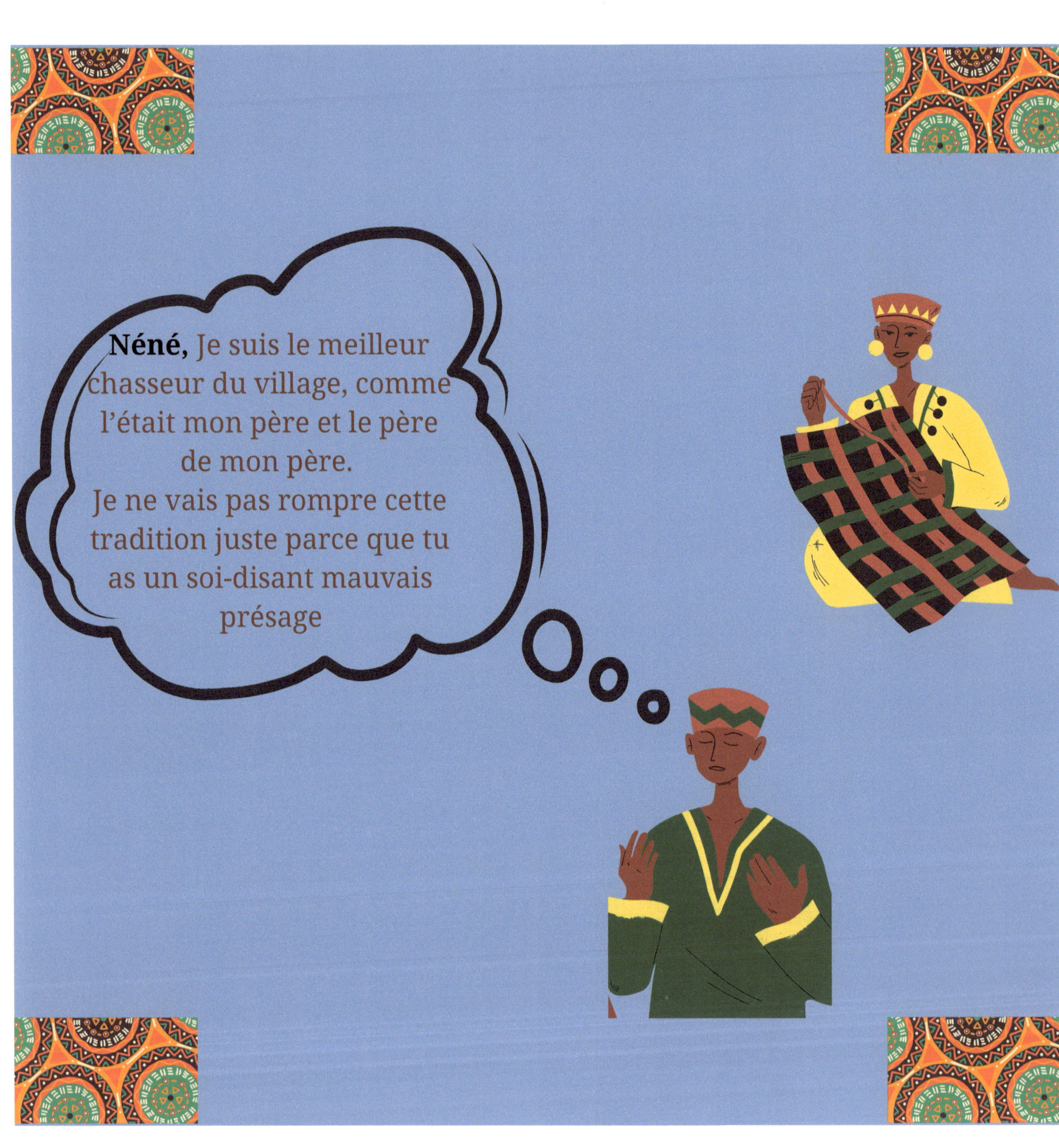

Néné, Je suis le meilleur chasseur du village, comme l'était mon père et le père de mon père.
Je ne vais pas rompre cette tradition juste parce que tu as un soi-disant mauvais présage

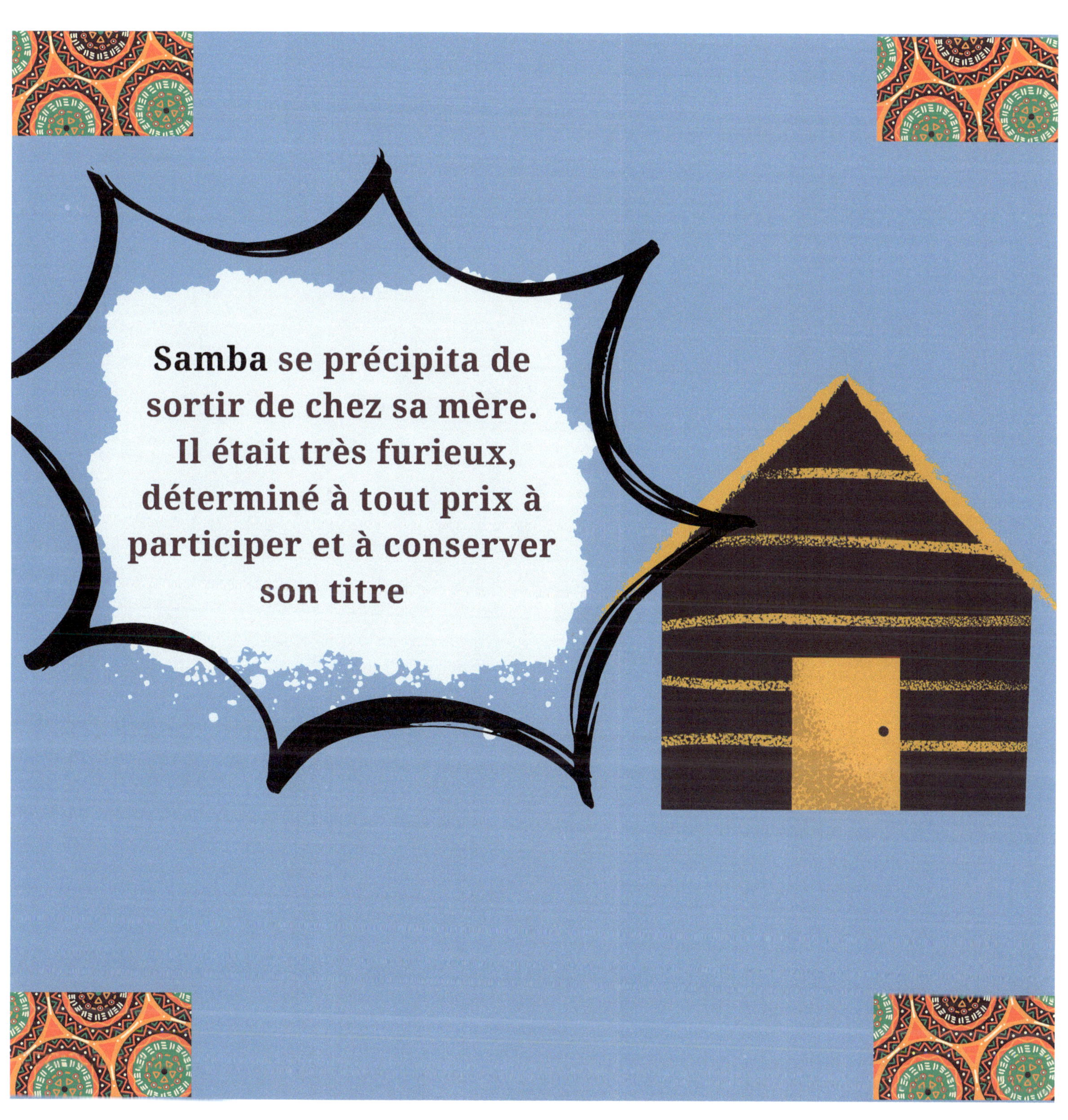

Samba se précipita de sortir de chez sa mère. Il était très furieux, déterminé à tout prix à participer et à conserver son titre

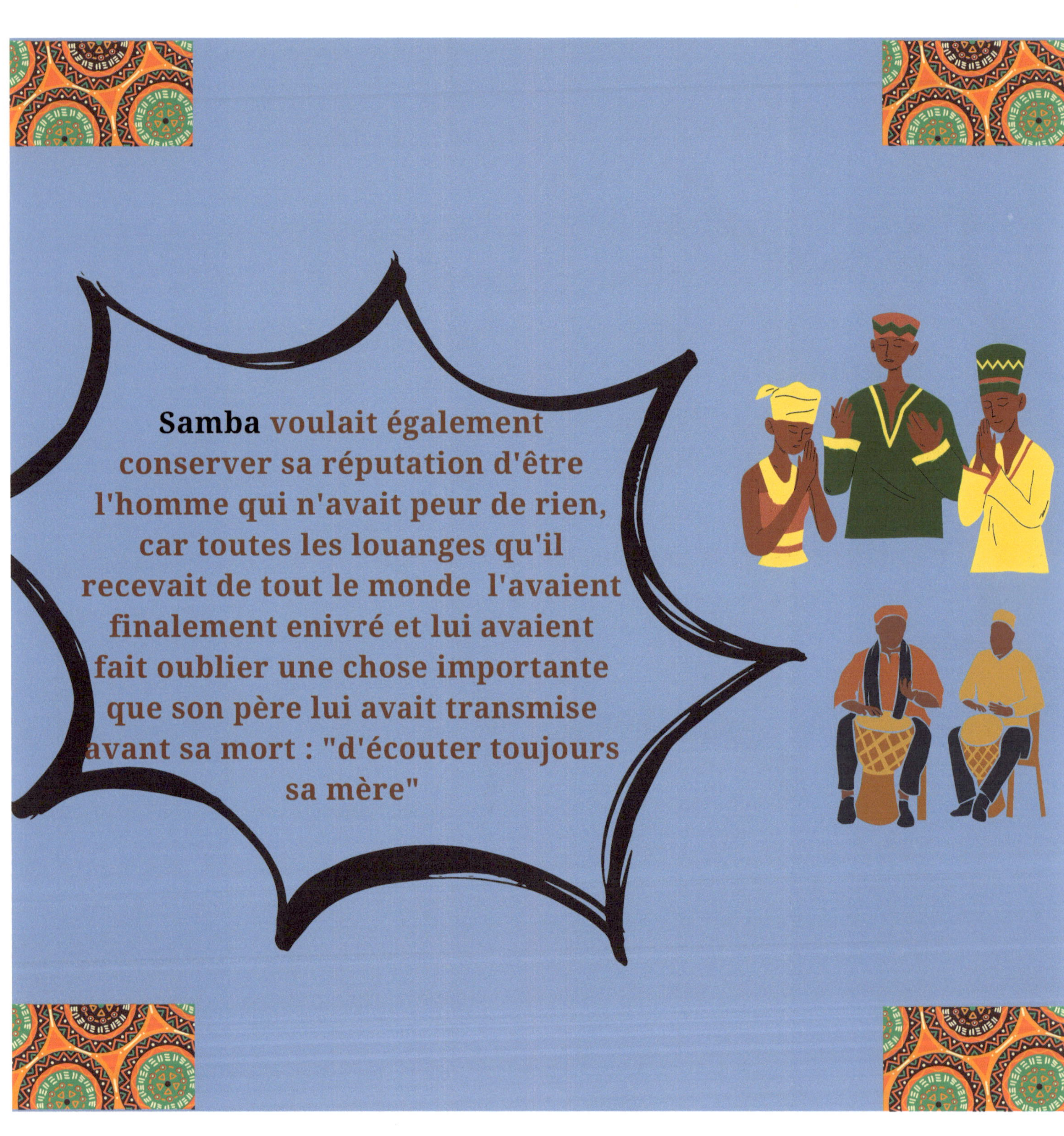

Samba voulait également conserver sa réputation d'être l'homme qui n'avait peur de rien, car toutes les louanges qu'il recevait de tout le monde l'avaient finalement enivré et lui avaient fait oublier une chose importante que son père lui avait transmise avant sa mort : "d'écouter toujours sa mère"

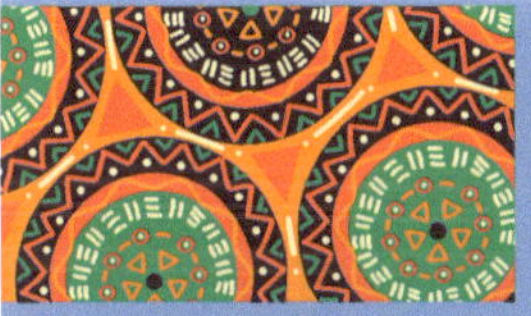
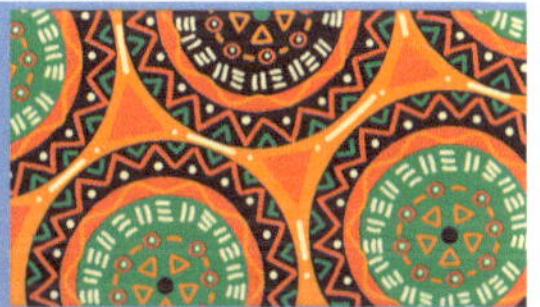

Le jour se leva à **Timbo**, tous les villageois étaient pressés d'aller participer au plus grand événement organisé dans le **diwal**

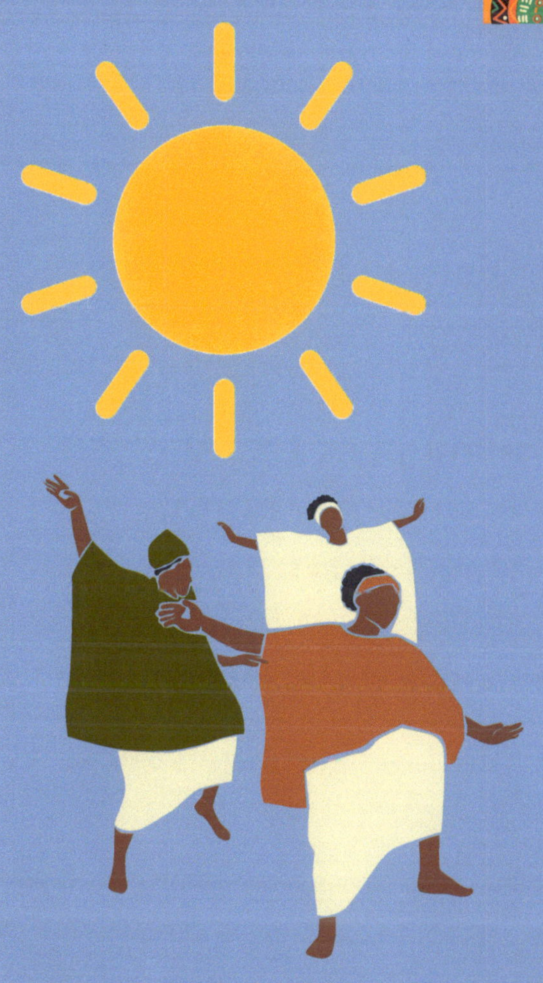
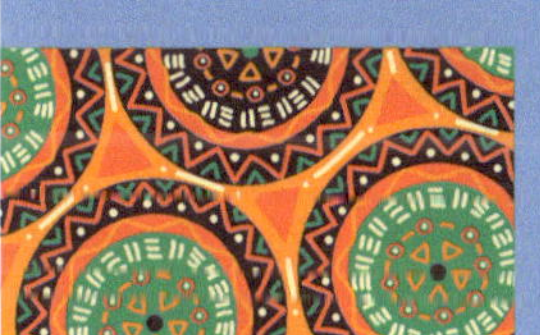
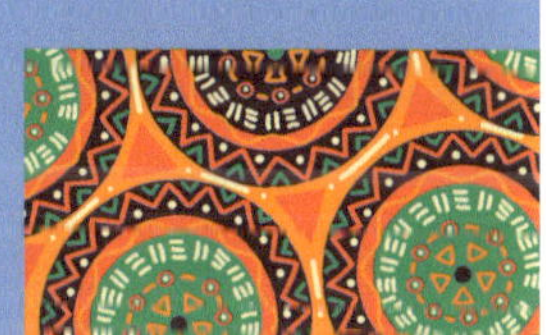

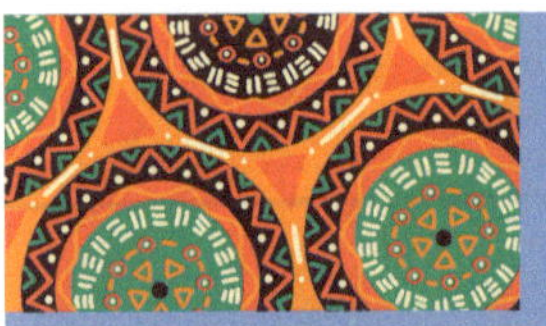
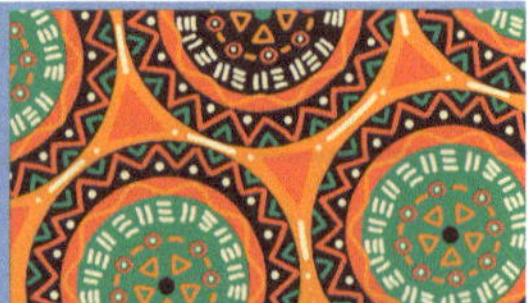

Les griots et les femmes du village chantaient et dansaient à la gloire de l'union du chef **Landho** et de la superbe **Binta.** Les festivités commencaient, et la chasse allait bientôt débuter

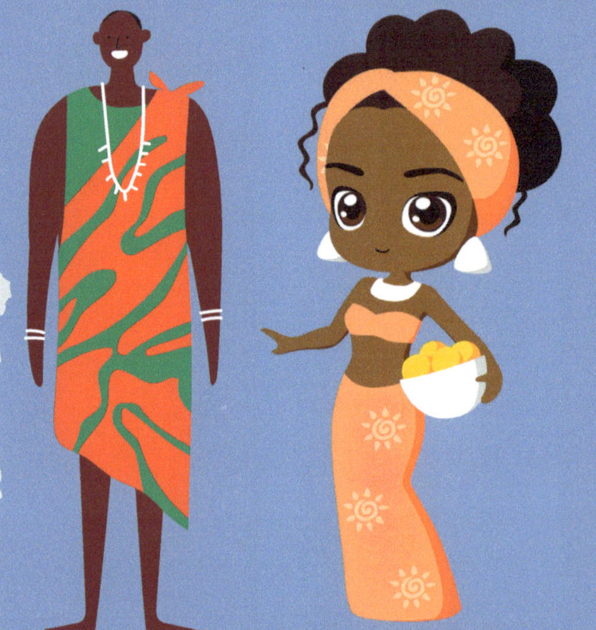

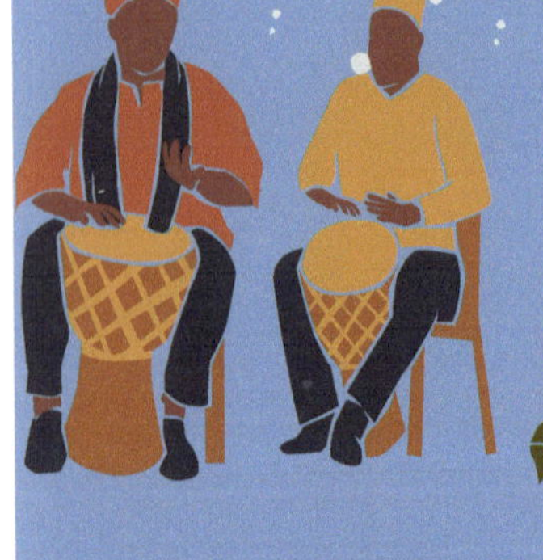

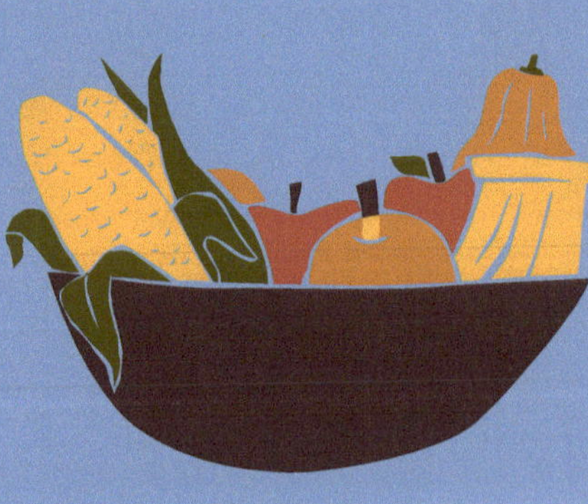

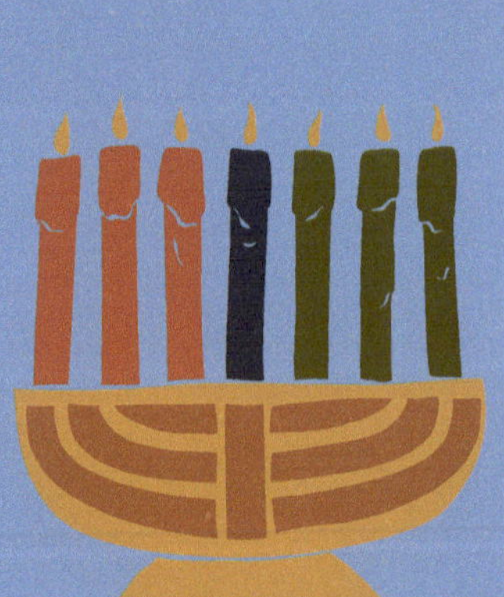

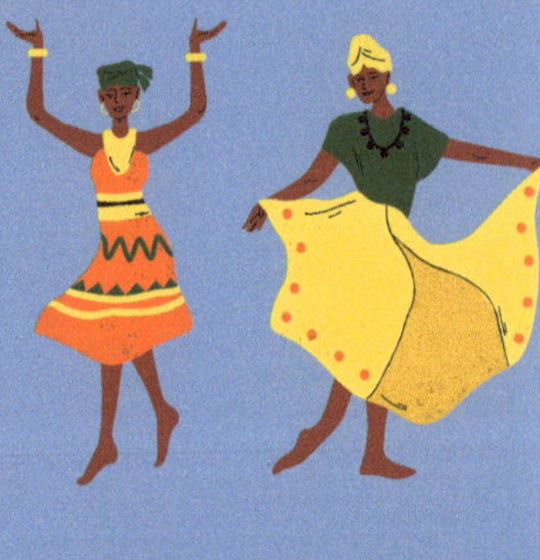

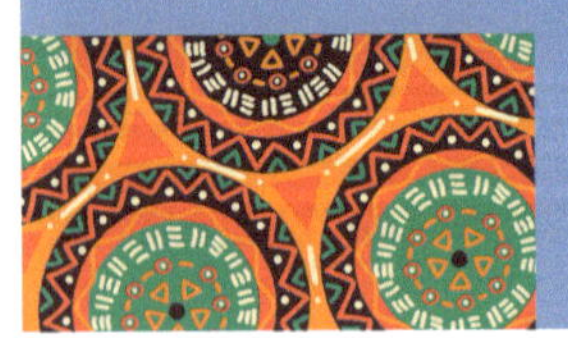
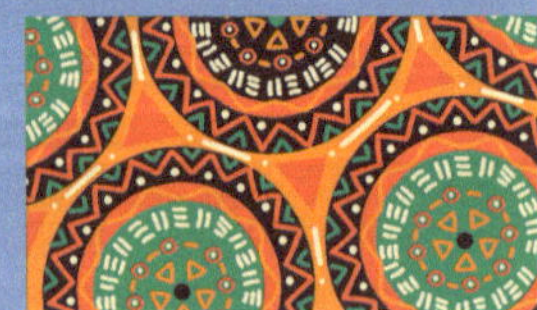

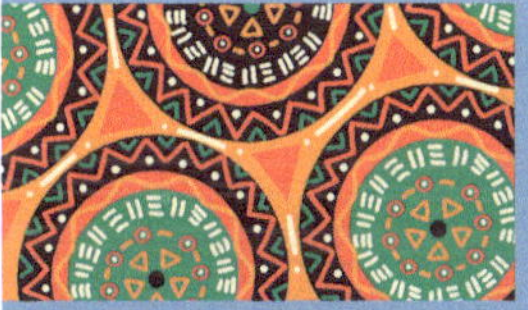
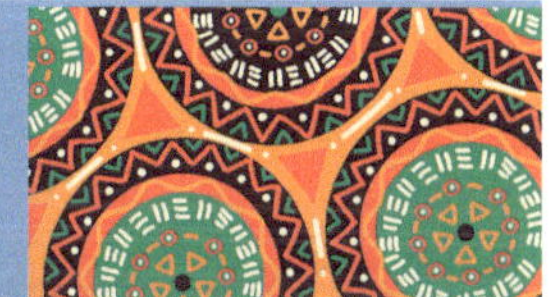

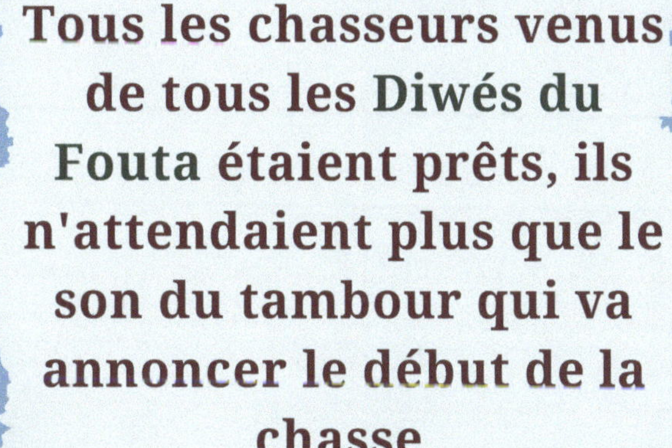

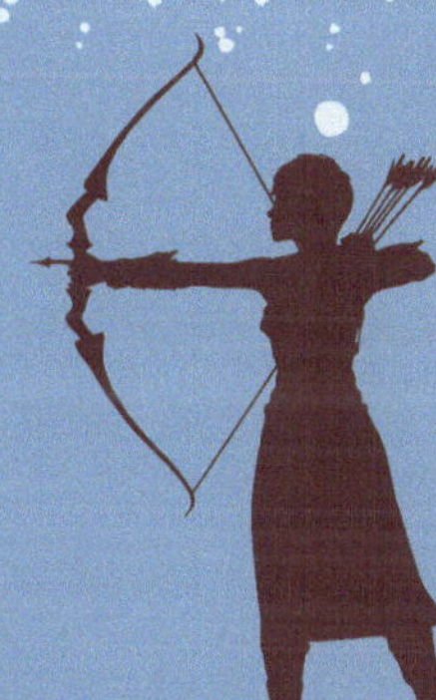

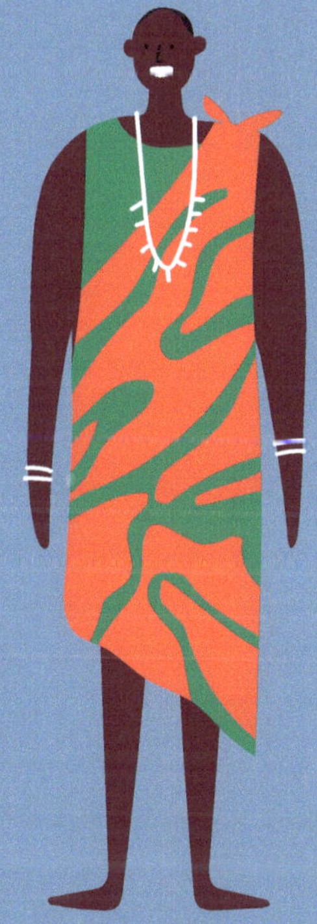

*Diwés : pluriel de diwal qui est la division territoriale du Fouta-Djalon placée sous l'autorité d'un chef religieux

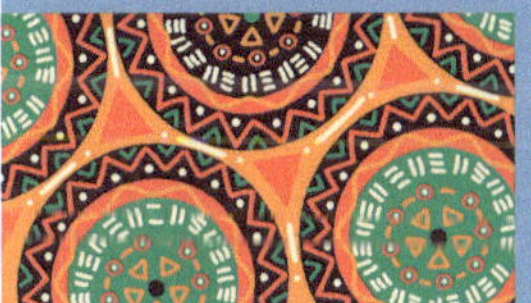
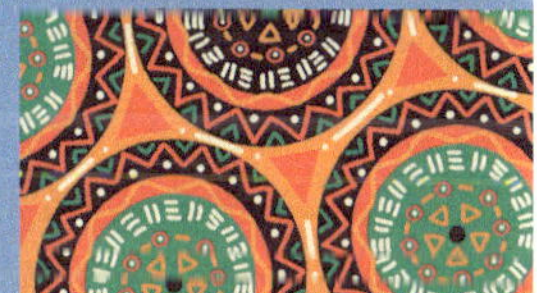

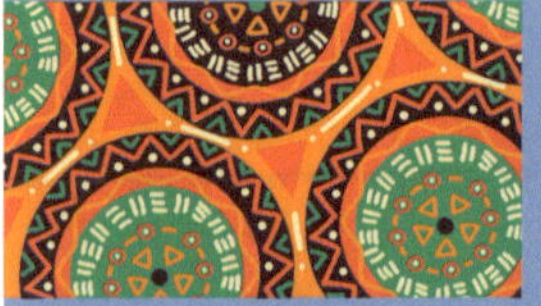
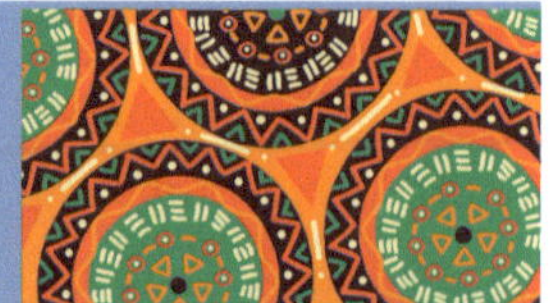
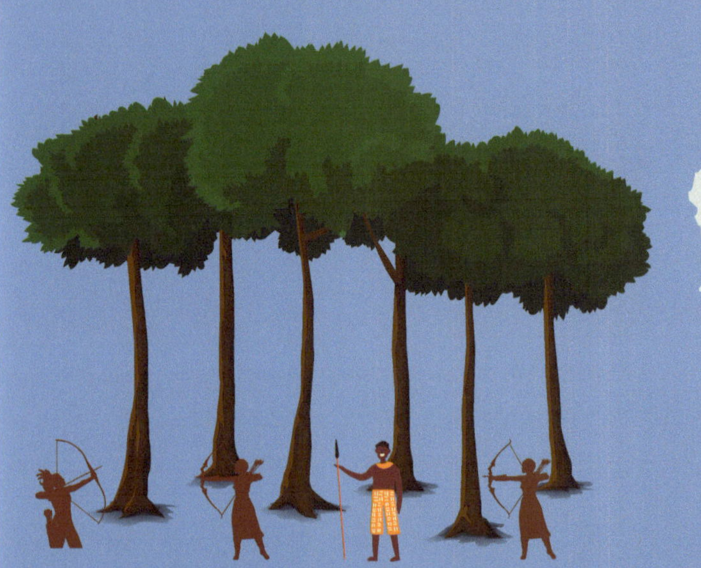

Le chef du village, **Landho,** vient de faire signe pour que l'on commence.
Le son du tambour résonnait et les chasseurs se précipitaient dans la forêt pour aller chasser et rapporter le plus de gibier possible

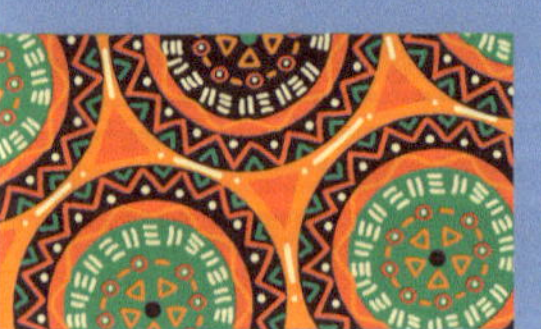
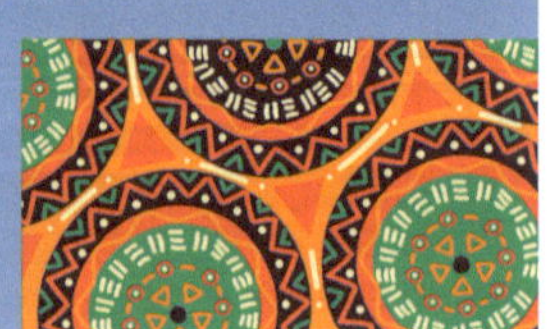

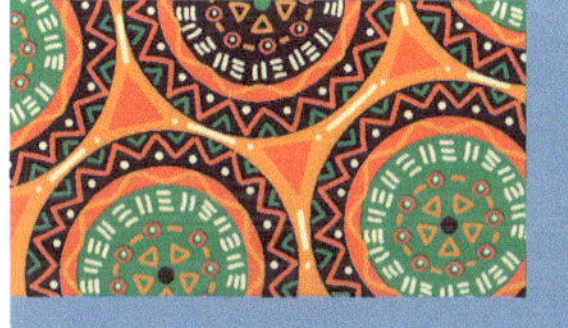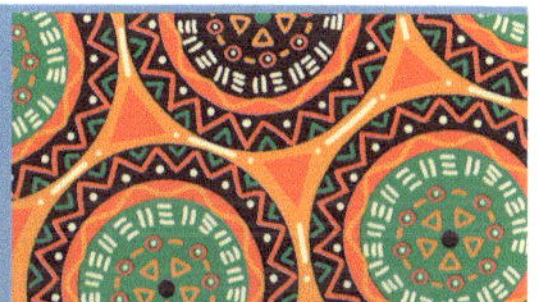

Malheureusement, dès que les chasseurs entrèrent dans la forêt, ils trouvèrent un lion très grand et très différent de tous les lions qu'ils avaient vu auparavant.

Le lion avait des taches sur tout le corps et était extrêmement imposant.

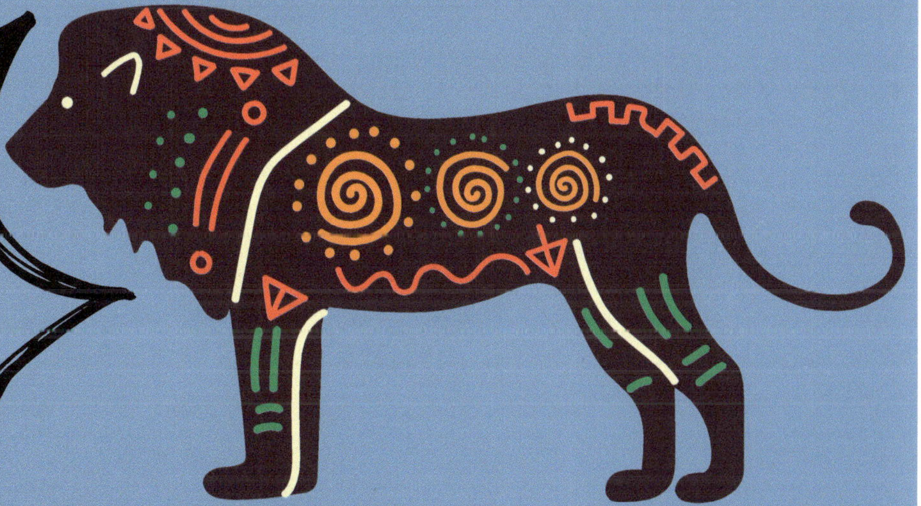

Plusieurs des chasseurs avaient pris peur et s'étaient enfuis. Seuls Samba et quelques chasseurs courageux avaient décidé d'affronter le lion.

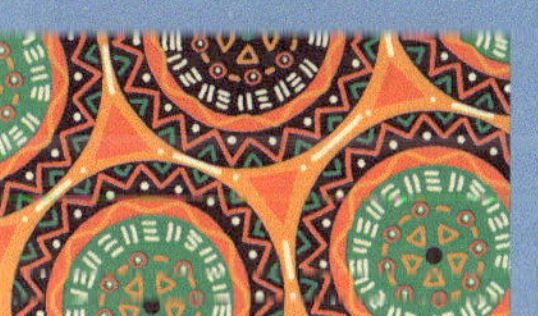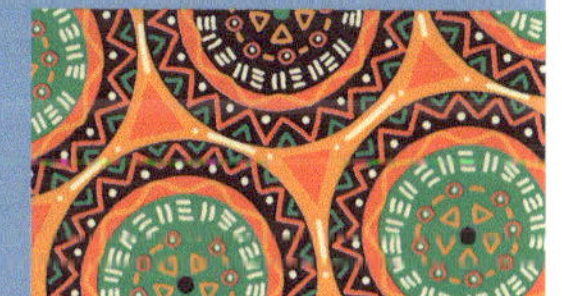

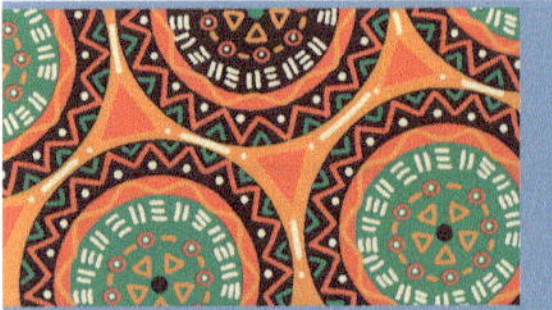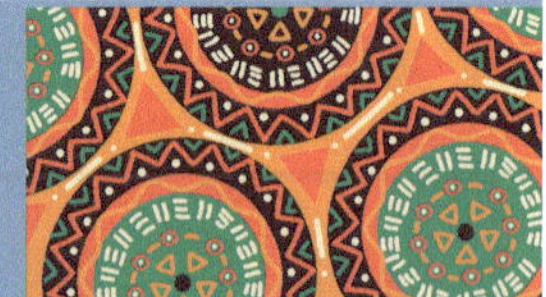

Le combat fut très rude, mais malheureusement pour Samba et les autres, le lion n'était pas un lion ordinaire c'était **l'homme lion.**

Malgré tous les talents des chasseurs ils n'avaient pas pu venir à bout du lion, et ce dernier a d'ailleurs blessés grièvement **Samba** au bras

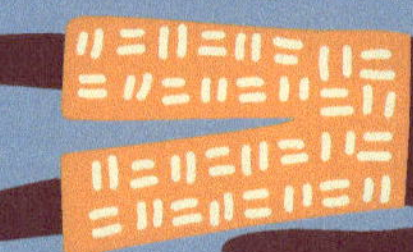

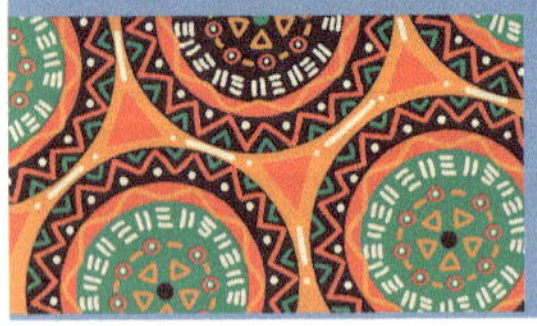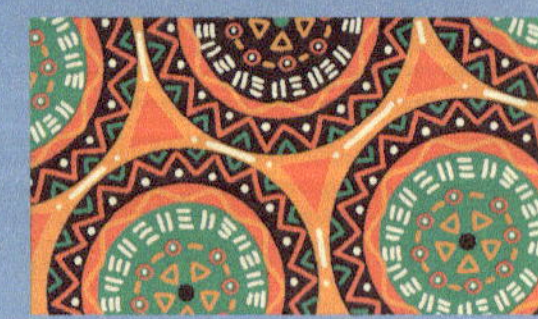

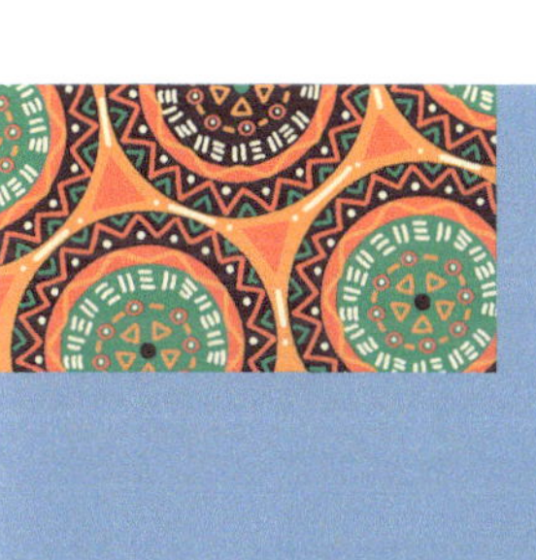
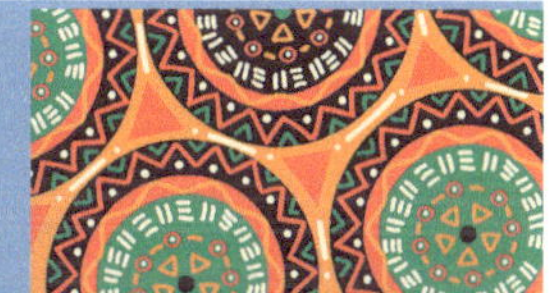

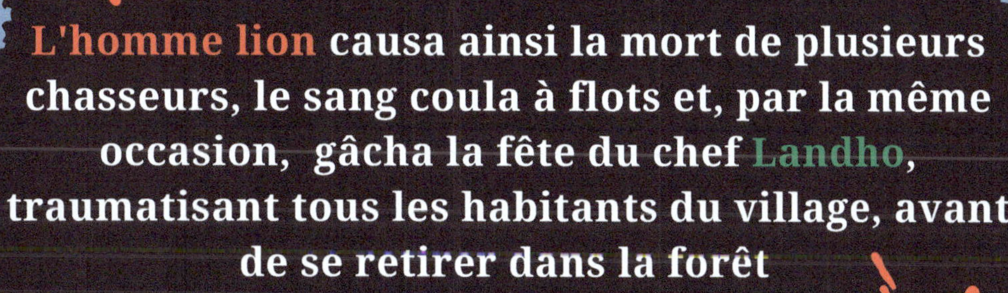

L'homme lion causa ainsi la mort de plusieurs chasseurs, le sang coula à flots et, par la même occasion, gâcha la fête du chef Landho, traumatisant tous les habitants du village, avant de se retirer dans la forêt

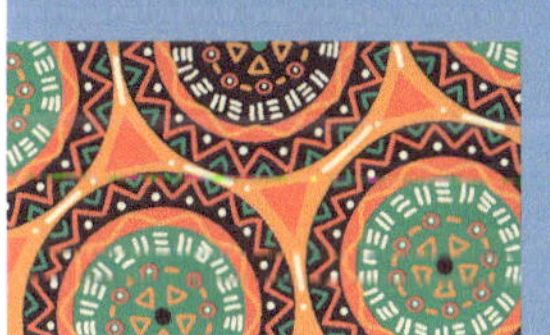
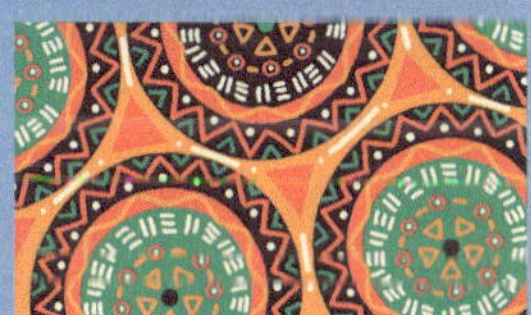

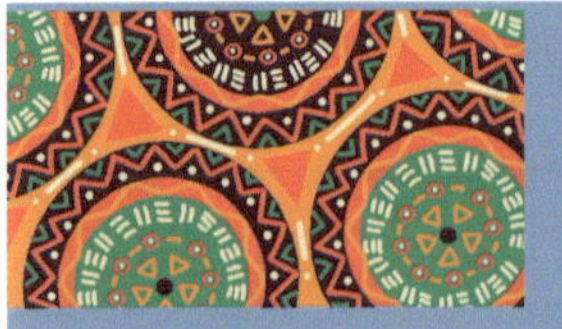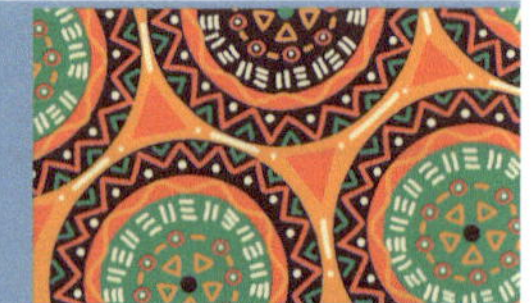

Le chef Landho était très en colère et ne comprenait pas ce qui venait d'arriver à sa fête.
Il se posait des questions:

Qui est l'homme-lion ?
Pourquoi a-t-il attaqué les chasseurs et les habitants du village ?
Pourquoi est-ce seulement aujourd'hui qu'il apparaît dans le diwal de Timbo ?

Ce sont des questions auxquelles, pour l'instant, aucun de ses griots n'avait de réponses

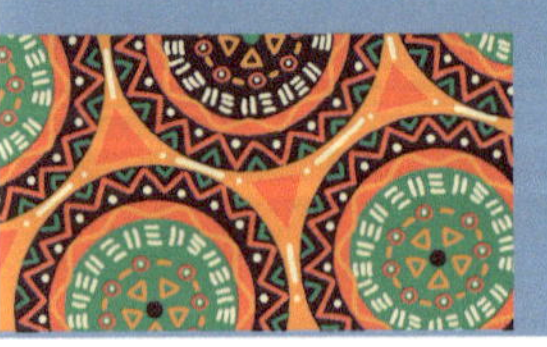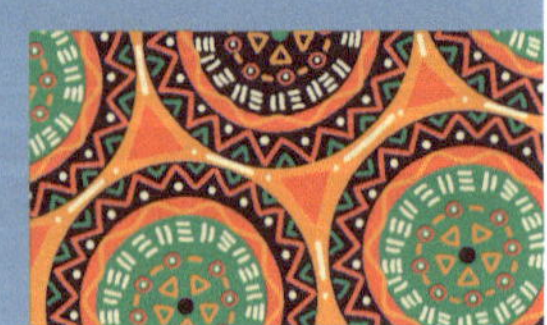

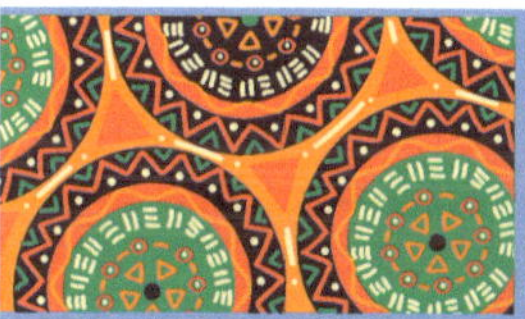
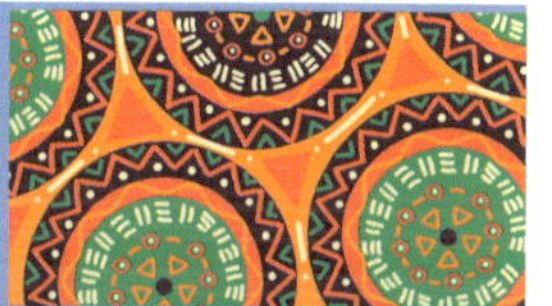

Pendant ce temps, **Samba** fut transporté chez sa mère.
Dès son arrivée, il s'exclama :
"Oh ! **Néné**, je suis sincèrement désolé, j'aurais dû vous écouter."

Oh, **Samba,** sache que la mère est celle qui prend le couteau par la lame pour son fils, et tout ce que tu n'apprends pas de ta mère, tu l'apprends du monde.
Tu es et resteras toujours mon fils, je t'aime, et je te protégerai toujours

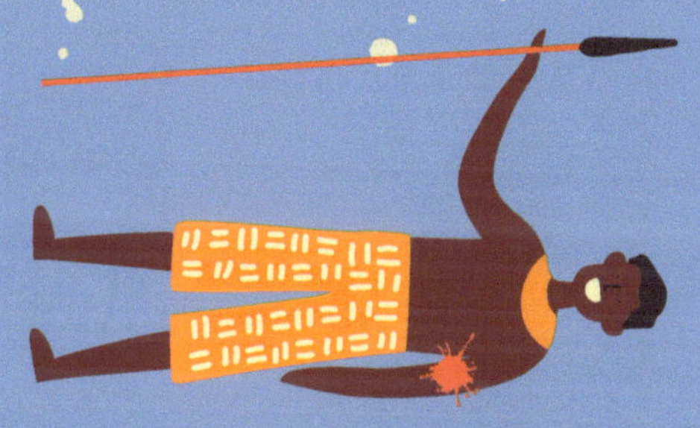
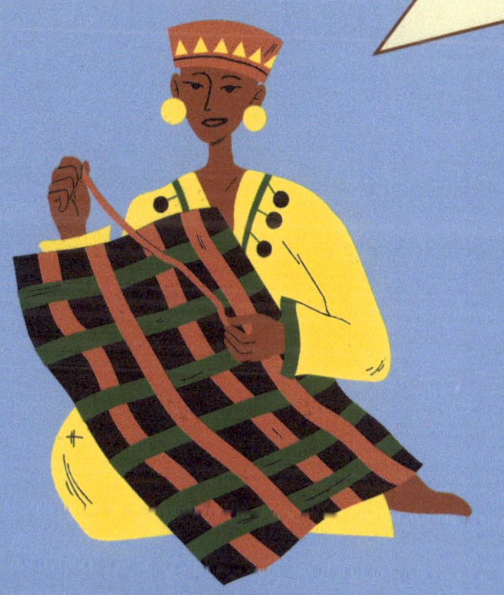
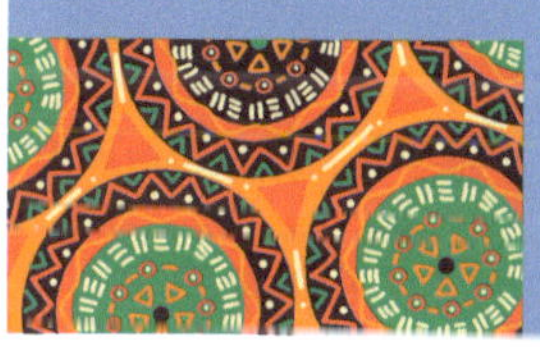
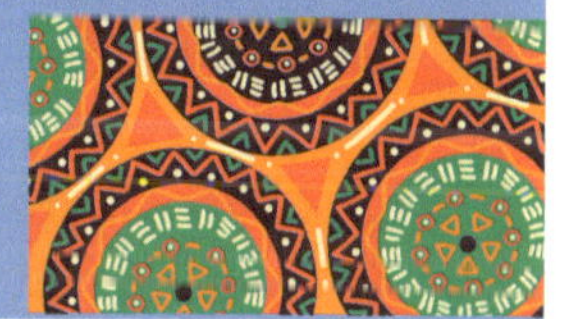

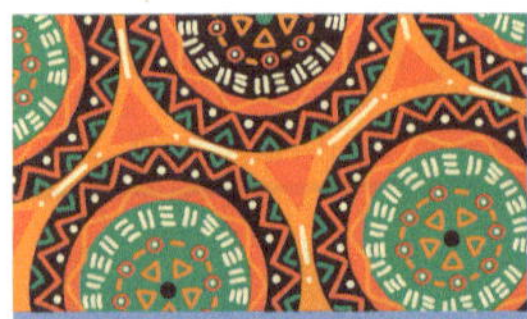
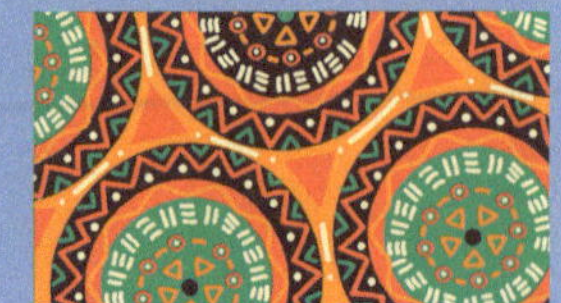

Les comptes de Baba

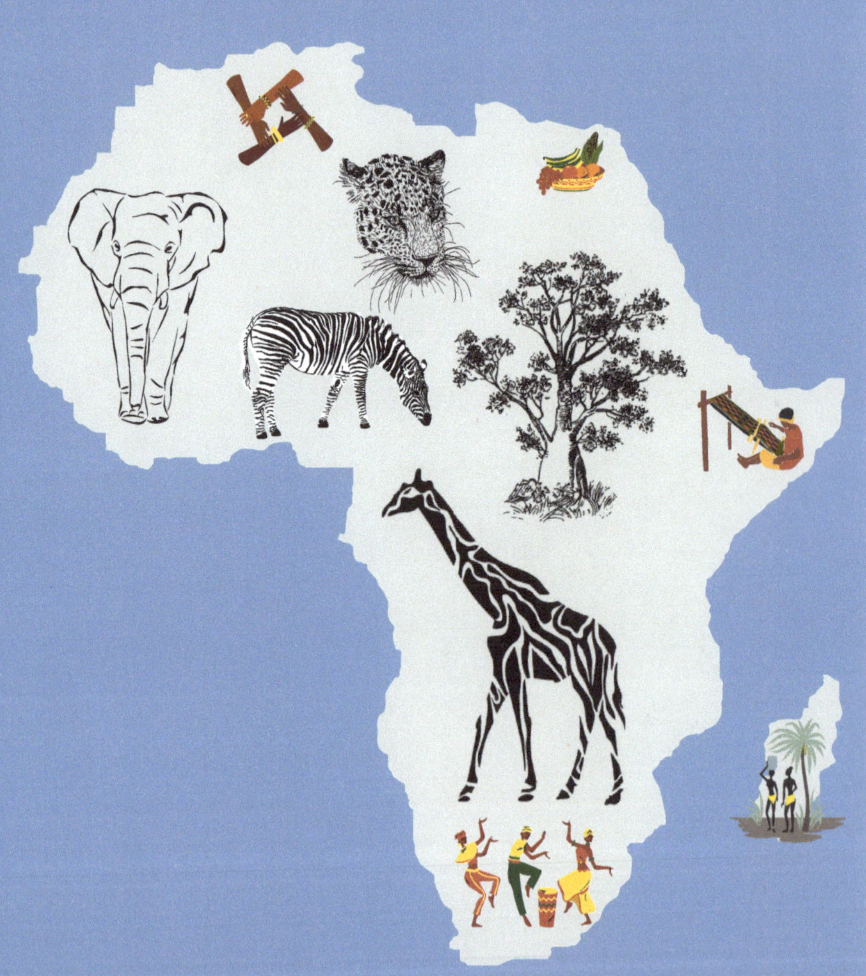

à suivre

Boubacar Diallo

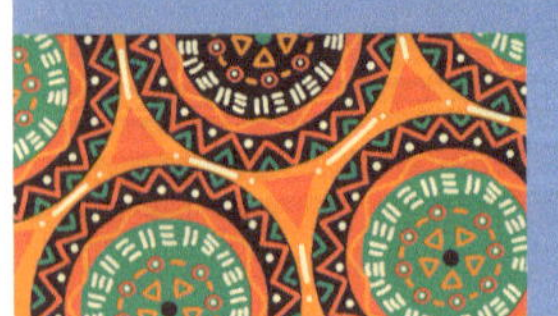
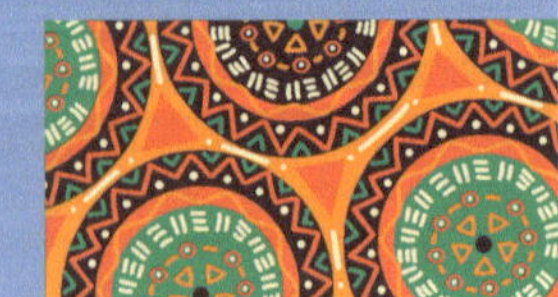

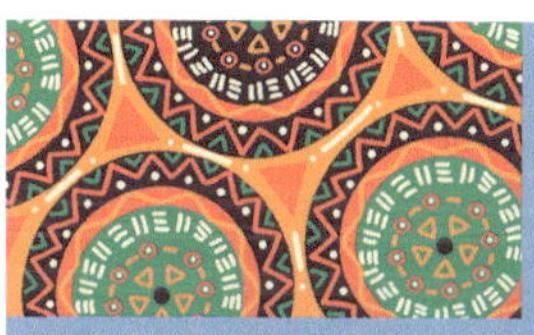
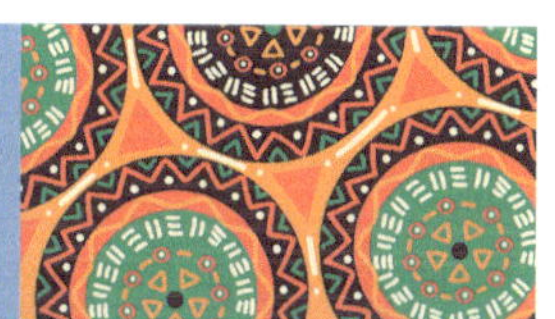

Rémerciements

Je tiens à exprimer ma profonde gratitude à tous ceux qui ont pris part à l'élaboration de l'histoire de Samba le chasseur. Votre contribution a rendu cette aventure captivante possible, et je souhaites exprimer mes remerciements sincères :

À tous ceux qui ont apporté des idées et des suggestions pour améliorer l'histoire, je vous remercie pour votre créativité et votre contribution précieuse.

À mes collègues de **Solocal**, ma famille et mes proches qui m'ont soutenu et qui ont cru en moi, un remerciement particulier à mon épouse **Oumoul Khairy Sow** qui n'a cessé de me motiver.

J'espère que l'histoire de Samba le chasseur vous a autant plu qu'elle m'a enchanté de la créer.

Vos encouragements me poussent à poursuivre ma passion pour l'écriture et à explorer de nouvelles aventures.

Avec mes sincères remerciements.

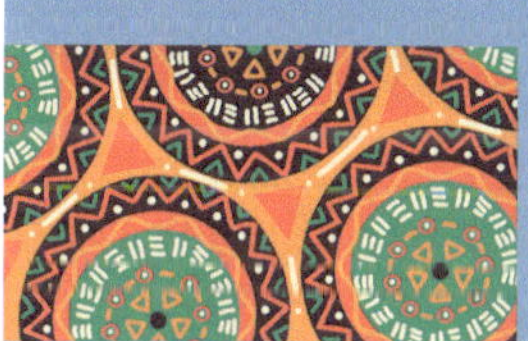
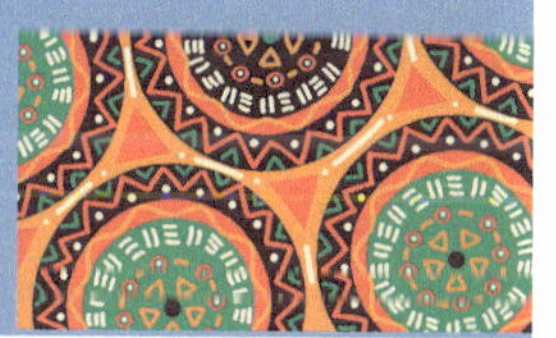

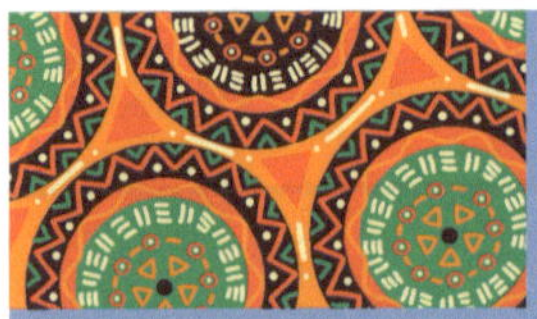
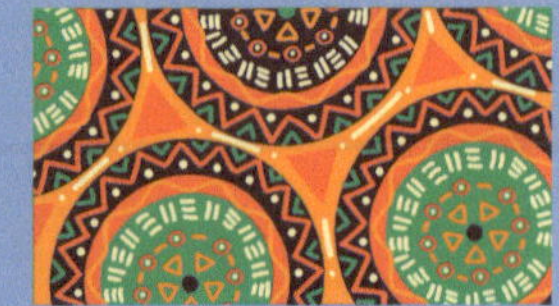

Les comptes de Baba

Disponible en version audio sur audiomack et Spotify

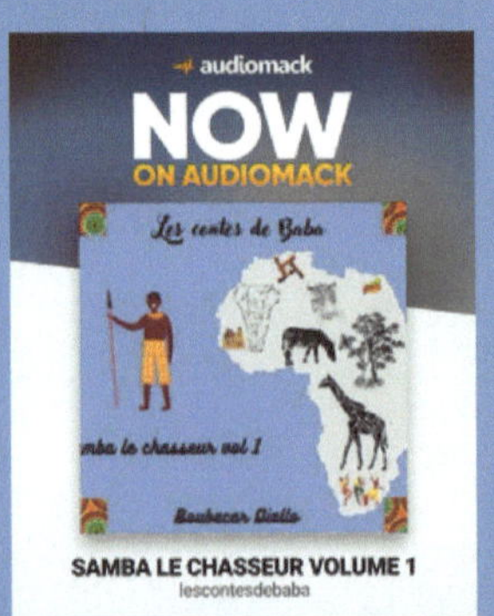

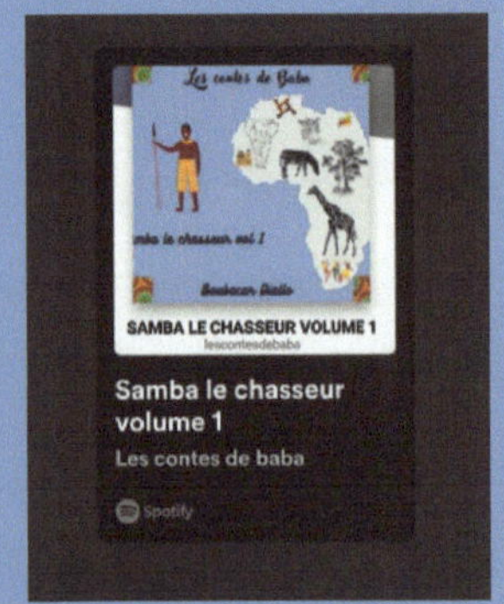

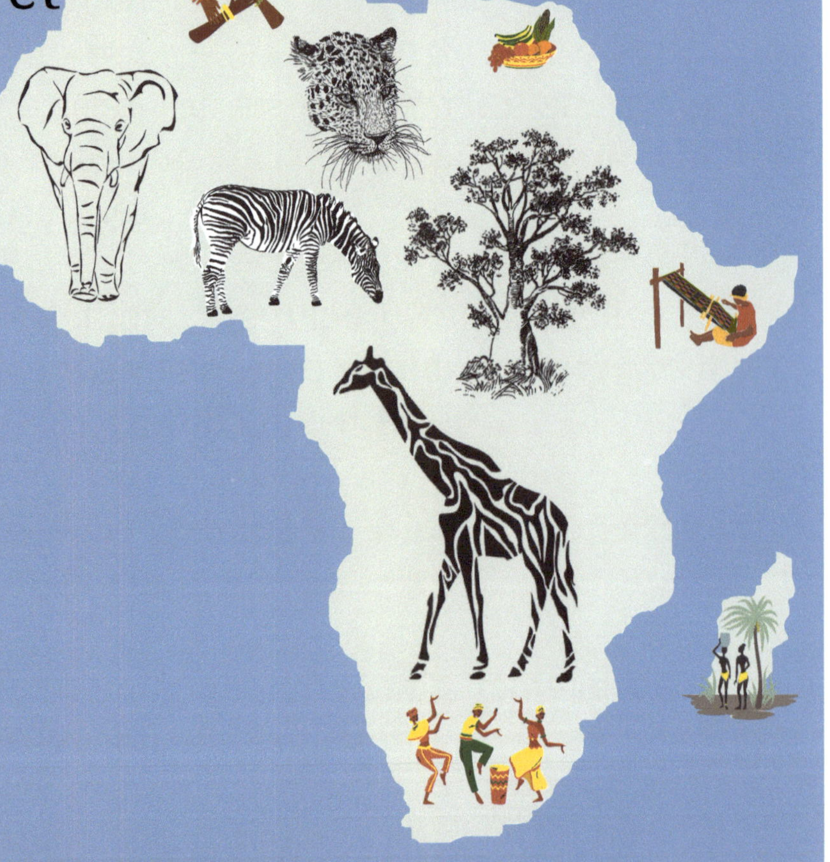

Boubacar Diallo

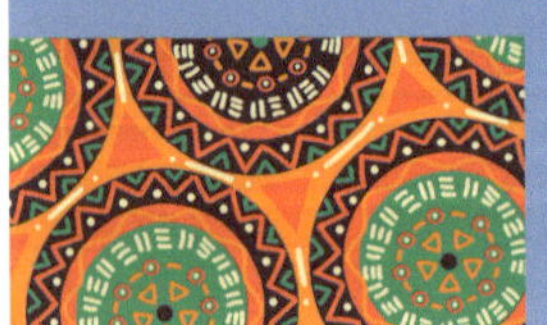
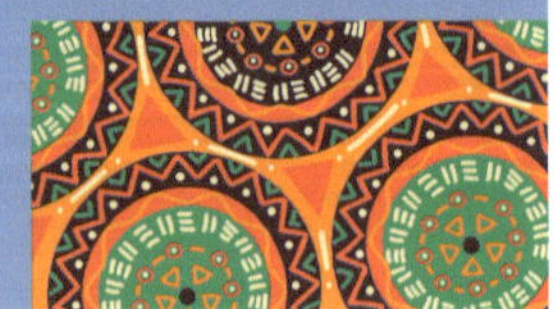